Scalpen is leuk!

Deel 4: Trading is flow business

I0478625

Heikin Ashi Trader

Inhoudstafel

1. Handel alleen als het leuk is

Een succesvol trader gaat niet naar het casino. Hij is het casino. Om precies te zijn: Een succesvol trader speelt de kaarten volgens zijn regels. Hij beslist hoe en wanneer hij handelt en ook wanneer hij **niet** handelt. Weten wanneer je weg moet blijven is een cruciaal voordeel dat een trader tegen "de markt" kan gebruiken. Het is heel normaal dat een beginnende trader eerst heel wat tijd nodig heeft om een geschikte strategie te vinden. Hij besteedt veel minder, of zelfs geen tijd aan het uitzoeken wanneer deze nieuwe strategie het beste resultaat oplevert.

In dit vierde deel van de reeks "scalpen is leuk" vertel ik jullie meer over het juiste moment om te handelen. Onze tijd is kostbaar. Wij, traders, moeten alles inzetten op de beurs wanneer de omstandigheden optimaal zijn. De momenten dat dit niet het geval is, kunnen we ons beter met andere dingen bezighouden. We moeten vooral proberen te vermijden dat we gaan handelen uit verveling. Dit is een voorwaarde wanneer de trader aanvoelt dat in een bepaalde fase van de markt niets te rapen valt. Toch zit hij aan zijn scherm de markt te observeren, met slaap in de ogen. Erger nog, af en toe voert hij een trade uit, puur uit verveling, terwijl hij weet dat er toch niets van komt. Dit is de voorloper van verslaving aan handel. Alles kan een verslaving worden, traden dus ook.

Ik heb deze eigenschappen ook in mezelf gezien in mijn beginnersjaren. Mijn fascinatie voor de beurs en de mogelijkheid om zogezegd geld uit het niets te verdienen groeide dag na dag. Ik handelde de hele nacht op de Aziatische markten, ook al had ik net een dag van 16 uren handelen op de Europese en Amerikaanse markten achter de rug. Ik denk dat het duidelijk moet zijn dat dit op lange termijn niets opleverde. Dit boek werd niet geschreven voor traders in de risicogroep. Het is bedoeld om een scalper te tonen wanneer de "actie" op de markten plaatsvindt. Het moet ook een aanmoediging zijn om het meeste uit de markten te halen.

Om je enthousiasme uit te leven, is het belangrijk dat je plezier beleeft aan het handelen op momenten dat het kan. Het risico op verslaving blijft, maar in veel mindere mate. Misschien is het voor jou gemakkelijker om op dat moment de computer uit te schakelen en je op andere dingen toe te leggen.

Plezier op het juiste moment is een effectief middel voor mij tegen het risico om te gaan traden en overtraden uit verveling. Je zal dan meer succes hebben als je strategie goed opgaat in de marktvoorwaarden en de kansen in jouw voordeel zijn. Dit is bijvoorbeeld waarom een trendtrader enigszins verschilt van een scalper. Deze kennis heeft te maken met "ervaring", maar gelukkig verloopt het leerproces van een scalper sneller dan bij andere trading strategieën, dankzij de verschillende trades die beschikbaar zijn. Je hebt geen tijd te verliezen en je moet je leerervaring ernstig nemen, zodat je de drempel naar rentabiliteit kan overschrijden.

Ervaren traders weten wanneer ze er hun handen van af moeten houden. Dit betekent dat je eerst een goede beurs-waarnemer moet zijn. Je moet door urenlang "grafieklezen" leren wanneer het moment daar is om mee te doen en wan-neer je moet vertrekken. Zorg ervoor dat je deze kunst onder de knie krijgt, dan kan je met de groten meespelen. Ik raad ten zeerste aan om je tijd efficiënt en intelligent te gebruiken bij effectenbeurshandel. De pauzes tussen individuele han-delssessies zijn zeer belangrijk. Dit geldt zowel voor lunch op de dag van de trade zelf, als voor occasionele pauzes doorheen het jaar. In het volgende hoofdstuk noem ik een hele reeks gebeurtenissen die je best vermijdt. In de meeste gevallen is het niet de moeite waard om te traden op die mo-menten.

Ik plan dan ook mijn vakanties hiernaar. Een collega tra-der vertelde me dat hij in de hele maand augustus geen en-kele winst heeft geboekt. Erger nog, hij heeft verlies geleden. Hij wou handelen, hoewel hij wist dat veel bankiers, die be-trokken zijn bij valutahandel, in augustus met vakantie zijn. Natuurlijk gebeurde er op dat moment ook valutahandel, maar dit bracht hem niets op. "Ik was die vier weken beter op vakantie gegaan", zei hij. Dat zou veel goedkoper ge-weest zijn.

2. Wanneer niet handelen

Weten wanneer je niet moet handelen, bespaart je een hoop onnodige en vaak onproductieve uren aan je computer. Hier zijn de belangrijkste momenten wanneer je beter niet handelt.

Feestdagen. Dit is vooral belangrijk voor forex traders. De banken zijn de grootste deelnemers in de forex. Wanneer de bankiers een feestdag hebben, neemt het handelsvolume sterk af. Op deze dagen zal je vaak te maken krijgen met lethargische markten of markten met plotse grillige bewegingen. Het vertrouwde patroon van je markt bestaat op deze momenten niet en het heeft dus ook geen zin om ernaar op zoek te gaan. Dit is vooral van toepassing voor de feestdagen in het VK en de VS, want dit zijn de belangrijkste spelers op de forex markten. Deze regel geldt ook voor feestdagen in andere belangrijke valutagebieden. Op Australische feestdagen bijvoorbeeld vermijd je best de Australische dollar. Op Japanse feestdagen handel je best niet met de yen, enz.

Vrijdagnamiddagen. Veel bankiers en hedgefonds traders stoppen met handelen op vrijdagmiddag om aan het weekend te beginnen. Meestal sluiten ze hun posities voor het weekend, dat voor de meeste private traders nu is ingegaan. De reden is de zogenaamde weekend gap. Deze prijskloof ontstaat tussen de sluitingskoers op vrijdagavond en de openingskoers op zondagavond op de forexmarkt. In de futuresmarkten is dit vaak 12.00u GMT.

Deze gap is vaak onbeduidend, maar kan soms ook enorm zijn, vooral als er een belangrijke gebeurtenis plaatsvond of belangrijk nieuws werd vrijgegeven tijdens het weekend. Misschien hebben er verkiezingen plaatsgevonden of werden er andere politieke beslissingen genomen (denk aan de Griekse crisis). Maar het kan ook gaan om onvoorziene gebeurtenissen, zoals aardbevingen (Japan!) of terroristische aanslagen. De handelsactiviteit vertraagt vaak op vrijdagnamiddag en de markten worden moeilijker te verhandelen. Ik handel zelden of nooit op vrijdagnamiddag.

Marktsluiting en marktopening. De laatste minuten van elke handelsdag moeten vermeden worden, net als de openingsminuten. Dit is helemaal waar voor gereglementeerde beurzen zoals aandelenmarkten en futuremarkten. Hou in gedachten dat veel traders aan het einde van elke handelsdag hun posities sluiten. Aan het einde van een handelsddag staat de liquiditeit er vaak slecht voor. De orderportefeuille is bijna leeg en veroorzaakt grotere spreidingen, slippage en soms worden onverwachte bewegingen waargenomen.

De eerste minuten op **maandagochtend** kunnen ook best niet gebruikt worden om te handelen. De traders die hun posities gesloten hebben op vrijdag, gaan ze opnieuw openen op maandagochtend. Dat kan soms ook onverwachte bewegingen veroorzaken.

Winter- en zomervakanties. Zoals je al weet kan je beter vakantie nemen wanneer de bankiers met vakantie zijn. Het volume van transacties van grote handelshuizen daalt merkbaar in deze periode.

Aziatische markten. Hoewel ik ooit gehandeld heb op de Aziatische markten, raad ik toch aan om dit niet te doen. Als je je niet specialiseert in Japanse aandelen, dan kan je beter genieten van je nachtrust. Er zijn altijd wel enthousiastelingen die de Hang Seng futures willen traden. Maar de Europese en Amerikaanse markten bieden voldoende mogelijkheden. De liquiditeit in de Aziatische valutahandel is niet te vergelijken met de Europese en Amerikaanse sessie.

Tenslotte, **de uren voor het bekendmaken van belangrijk economisch nieuws**. De kalender geeft aan wanneer belangrijk nieuws of economische gegevens worden gepubliceerd. De forexdeelnemers wachten op deze gegevens. De kalender die ik gebruik, vind je terug op www.forexfactory.com.

Afbeelding 1: Agenda voor woensdag 14 oktober 2015

10:30am	GBP		Average Earnings Index 3m/y
	GBP		Claimant Count Change
	GBP		Unemployment Rate
11:00am	CHF		ZEW Economic Expectations
	EUR		Industrial Production m/m
2:30pm	USD		Core Retail Sales m/m
	USD		PPI m/m
	USD		Retail Sales m/m

Het voorbeeld hierboven is de agenda voor woensdag 14 oktober 2015 van de forex factory website. Bekijk aandachtig de kleuren van de kleine fabrieksymbooltjes naast de beschrijving van het bericht. Als ze geel of oranje gekleurd zijn, dan heeft het nieuws weinig impact op de koersactie, maar als het fabrieksymbooltje rood is, dan is het belangrijk nieuws. Op deze datum waren er twee belangrijke gebeurtenissen. Om 9.30 GMT vond de gemiddelde winstindex plaats in het Verenigd Koninkrijk. Het publiceren van dit getal was van groot belang voor traders die met de Britse pond handelden.

Om 13.30 GMT konden ook de enthousiaste verwachtingen over het vrijgeven van de detailhandelverkoop uit de Verenigde Staten niet getemperd worden. Dit is een zeer belangrijk economisch gegeven. Let op de status van de EUR/USD voor en na de bekendmaking:

Afbeelding 2: EUR/USD op 14 oktober 2015, 2-minutengrafiek Heikin Ashi

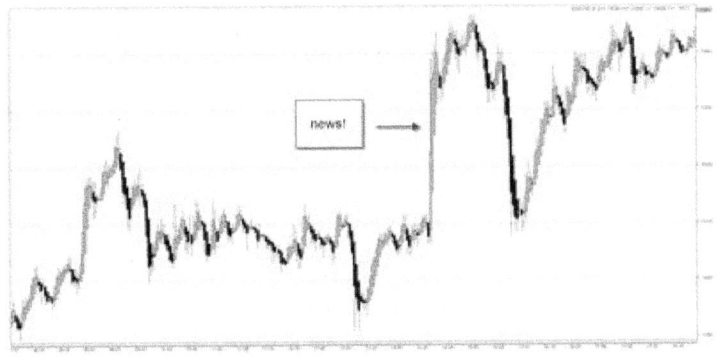

Voor de EUR/USD is er maar één belangrijke gebeurtenis geweest. Om precies te zijn, was het de publicatie van de detailhandelverkoop om 13.30 GMT. Daarvoor was er een kleine sprong in de Euro, alleen om 09.00 GMT tijdens de Londense opening. Maar vanaf 10.00 GMT tot 13.30 GMT liep het valutapaar zijwaarts in een range van minder dan 10 pips. Het is duidelijk dat de marktspelers gretig gewacht hebben op de gegevens van 13.30 GMT. Een dergelijke range is moeilijk te scalpen, tenzij je een specialist bent in ranging markten. In principe kan je met een gerust hart stoppen met handelen tot 13.30 GMT. Het was direct nadat de detailhandelverkoop gepubliceerd werd, dat de markt weer in actie kwam.

Afbeelding 3: EUR/USD op 22 oktober 2015, 2-minutengrafiek

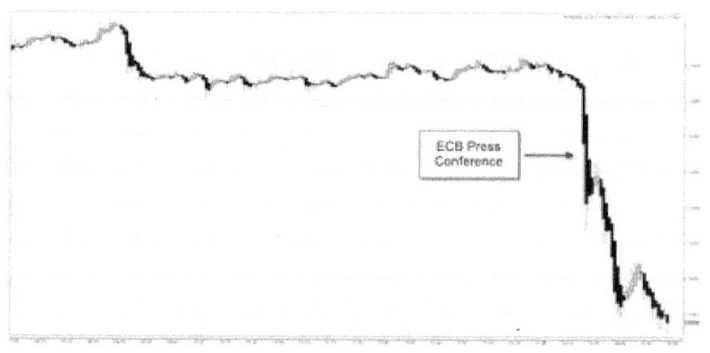

Afbeelding 3 is duidelijk en vereist geen uitleg. Op 22 oktober wachtten de traders op de rentevoet die zou worden bepaald door de Europese Centrale Bank om 12.45 GMT. Er was niet veel beweging te zien bij de EUR/USD tijdens de uren voor deze bepaling. Het is ook van belang dat de markt nauwelijks bewoog bij de aankondiging van de rentevoet om 12.45 GMT. Dit nam een scherpe wending om 13.30 GMT toen de president van de ECB, Mario Draghi, een persconferentie hield. De actie begon om 13.29 GMT, de deelnemers konden nauwelijks wachten.

Wat zijn de belangrijkste cijfers?

- Cijfers van de VS

- Dan, cijfers van de EU, Duitsland en het VK

- Cijfers van Canada, Australië, Japan, Nieuw-Zeeland en Zwitserland voor hun

   respectievelijke valuta

Welke cijfers hebben de grootste impact?

- **Monetair beleid**. Alle belangrijke communicaties of publicaties en

   verklaringen van persconferenties van de belangrijkste centrale banken

- **Arbeidsmarktgegevens**: huidig werkloosheidscijfer in Duitsland en NFP

   (Non Farm Payrolls, jobs buiten de landbouw- en veeteeltsector, om 13.30 GMT op elke eerste vrijdag van de maand) in de VS.

- **Toonaangevende indicatoren**: in Duitsland de Ifo Bedrijfsklimaat Index, in de VS: ISM inkoopmanagersindex

11

- **Consumentenvertrouwen**

- **Bruto Binnenlands Product (BBP)**: belangrijk in alle grote valutagebieden

- **Consumptieprijsindex** (CPI: Onderwerp: Inflatie!)

-**Producentenprijsindex** (PPI)

Je zal de economische kalender een beetje moeten bestuderen als je wil handelen. Het is van cruciaal belang dat je het belang van de marktdeelnemers in de forexmarkt begrijpt. Dit zijn enthousiaste verwachtingen in de dagen voor de publicatie. Meestal is de markt rustig voor de publicatie zelf. Als de cijfers gepubliceerd zijn, wordt al of niet aan de verwachtingen voldaan. De reactie van de markt volgt overeenkomstig. Hoe de marktspelers zullen reageren op een cijfer dat helemaal tegen de verwachtingen in gaat, is echter moeilijk te voorspellen. Wees als scalper flexibel in je reactie zonder vooroordelen over de koop- en verkoopgolven. Verhandel wat je ziet! Bestudeer ook het gedrag van marktdeelnemers in de uren voor en na de publicatie. We hebben vaak vastgesteld dat de volatiliteit sterk daalt voor de publicatie. Maar na de publicatie slaat de volatiliteit los.

3. De beste trading uren

A. Voor forex traders

In tegenstelling tot andere markten loopt de handel in vreemde valuta de klok rond. Je kan dus 24/24 handelen, de hele week door, van zondagavond 22.00 GMT tot vrijdagavond 22.00 GMT. Markten voor vreemde valuta zijn niet langer normale markten zoals de effectenbeurs, het is een gedecentraliseerde markt met enkele handelscentra. De belangrijkste zijn gevestigd in Londen, New York, Tokio en Sydney. Een "handelsdag" in valutahandel bestaat uit de volgende handelssessies: de Europese sessie, de Amerikaanse sessie en de Aziatische sessie.

Afbeelding 4: Forex sessies

Forex Market Center	Time Zone	Opens Europe/Berlin	Closes Europe/Berlin	Status
Frankfurt Germany	Europe/Berlin	08:00 AM 06-October-2015	04:00 PM 06-October-2015	Open
London Great Britain	Europe/London	09:00 AM 06-October-2015	05:00 PM 06-October-2015	Open
New York United States	America/New_York	02:00 PM 06-October-2015	10:00 PM 06-October-2015	Closed
Sydney Australia	Australia/Sydney	11:00 PM 06-October-2015	07:00 AM 07-October-2015	Closed
Tokyo Japan	Asia/Tokyo	01:00 AM 07-October-2015	09:00 AM 07-October-2015	Closed

Het is fascinerend dat in de forex, trading in 24 uren één keer rond de planeet gaat. Als traders in Tokio klaar zijn met hun sessie, beginnen de traders in Londen opnieuw te handelen. Amerikaanse traders komen om 13.00 GMT op de markt en handelen tot 16.00 GMT. Het is niet ongebruikelijk dat er een belangrijke overlapping is van twee commerciële centra, daarom wordt de hoogste volatiliteit gemeten op deze momenten (zie afbeelding 4). Na 16.00 GMT doet zich een opmerkelijke daling in volatiliteit voor. Op hetzelfde moment dat de traders in New York klaar zijn met hun werkdag, begint de sessie in Sydney.

Afbeelding 5: Gemiddelde volatiliteit EUR/USD per uur (VK)

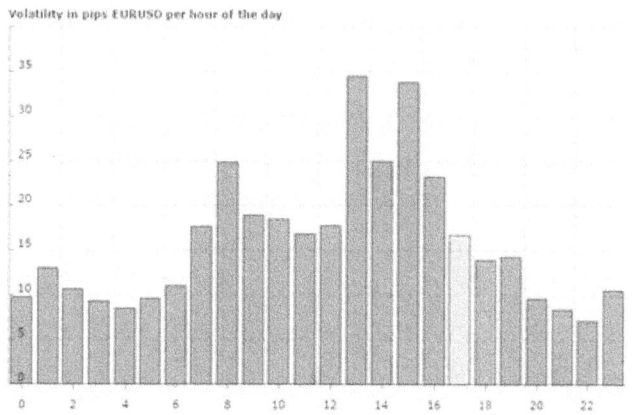

Bron: www.mataf.net

Afbeelding 5 geeft het belang van de sessies weer. De lage volatiliteit tijdens de Aziatisch handel (uiterst links en rechts op de grafiek) is zichtbaar. Merk ook op dat de Australische dollar, de Nieuw-Zeelandse dollar en de Japanse yen het meest verhandeld werden, ik blijf erbij dat het vaak beter is om ze te verhandelen in de Europese en Amerikaanse sessies. De reden is eenvoudig. Volgens de meest recente statistieken van de BIB (Bank voor Internationale Betalingen) vertegenwoordigen de twee grootste forex handelscentra ter wereld, Londen en New York, bijna 60% van de handelsomzet. Terwijl de aandelen van New York in 2013 (18,9%) bijna stabiel bleven gedurende de voorbije 10 jaar, zijn die van Londen aanzienlijk gestegen.

In de Londense sessies wordt 40,9% van de wereldwijde transacties uitgevoerd in de valutahandel. Ter vergelijking: In 2013 had Singapore 5,7%, Tokio 5,6% en Hong Kong 4,1%. Dit heeft verregaande gevolgen voor de forex scalpers. Het staat buiten kijf dat de Londense sessies de belangrijkste handelsuren zijn in de internationale valutahandel. Als trader zal je de beste liquiditeit vinden in al deze verhandelde valutaparen. Op deze momenten kan je dus met de beste uitvoeringen en de kleinste spreads rekening houden, wat natuurlijk voor scalpers van buitengewoon belang is. Slippage is hier beperkt, en dat kan niet altijd gezegd worden van Aziatische sessies.

Uit ervaring leren we dat de volatiliteit stijgt 1 uur voor de opening in Londen. Dit betekent dat bijvoorbeeld uitbraakstrategieën op dit moment de meeste kans hebben op slagen. Dankzij de verhoogde volatiliteit wanneer de VS-sessie start, kunnen uitbraakstrategieën ook slagen. Hier moet je opletten! Trends van de Europese handelssessie kunnen bevestigd worden (trendfollowing) of plotse wendingen ervaren (omkeringen). Dit is het resultaat van verwachte economische gegevens van de VS (vaak 13.30 GMT). Afbeelding 4 toont dat de volatiliteit tegen het einde van de Londense sessie (16.00 GMT) daalt om dan op een laag niveau te blijven hangen tijdens de rest van de New York sessie en de Aziatische sessie. Maar dit heeft ook zijn voordelen voor de traders wiens strategieën gebaseerd zijn op rangemarkten, want zij verkiezen deze rustigere momenten. De waarschijnlijkheid dat ondersteuningen en weerstanden kunnen standhouden, is hier aanzienlijk hoger.

B. Voor index traders

In de pre-market 08.00 tot 09.00 GMT) wordt alle belangrijke informatie van de voorbije nacht opgenomen in de aandelenindex-futures wat leidt tot verhoogde volatiliteit. Voor Europese trades vormen deze vaak de "Pre-settings" van Tokio of China en de komende Amerikaanse markt. Voor Amerikaanse traders zijn stemmingen van de Europese handelssessies belangrijk. Als de stemming "goed" is, zullen de indexen starten in het positieve gedeelte. Als de stemming "slecht" is, worden er meer negatieve cijfers verwacht. Dit is in principe van toepassing op alle aandelenmarkten, hun indexen en futures. De pre-market is enkel aanbevolen voor ervaren traders. Tijdens het assimilatieproces van de nieuwe informatie wordt een trendrichting bepaald en vaak houdt deze aan voor de rest van de dag. Daarom is het winstgevend om trendvolgende koerspatronen te verhandelen.

Vaak komt de high of de low van de dag voor in het eerste uur van handelen op de aandelenmarkten (09.00u tot 10.00u), maar dat is niet altijd het geval. Op typische trenddagen doen nieuwe highs of lows zich voor na het eerste handelsuur. Het beste moment om Europese indexen te verhandelen, zoals de DAX, CAC40 en de Eurostoxx50 is de ochtendsessie. Vanaf 13.00 (GMT) komen Amerikaanse traders op de markt met hun eigen ideeën, die de trend van de Europese ochtend kunnen omkeren. Ik ben een trader die zich baseert op Europa, dus ik verhandel 's morgens liefst de Europese indexen en in de namiddag de Amerikaanse indexen.

Mijn ervaring heeft me geleerd dat Amerikaanse traders onafhankelijk zijn van Europese sessies, hoewel velen van hen graag de DAX of andere Europese indexen verhandelen. American$2 markten zijn het meest onafhankelijk, aangezien Europese markten de Amerikaanse markten volgen in de Europese namiddag. Als Europese indexen in het rood staan, volgen de Pre-market VS futures deze richting eerst. Maar tegen de opening van New York verandert alles.

C. voor olietraders

Oliefutures worden bijna de klok rond verhandeld, maar de meest effectieve manier om olie te verhandelen is door je te richten op de prime time. Dit is tussen 13.50 - 15.30 GMT. In dit anderhalf uur bekom je de beste handelsresultaten. Dit is bewezen door statistische evaluaties van handelsresultaten. Het is van cruciaal belang dat de trader de eerste minuten van de New York opening vermijdt. Op dit moment gaat de "pit" open. Je kan vaak grillige bewegingen verwachten, want pre-market informatie en nieuwe orders moeten verwerkt worden. De woensdag vormt vaak een uitzondering, omdat dan de olievoorraden (oliemarktverslagen) gepubliceerd worden. Deze verschijnen om 15.30 GMT. Traders wachten best op de publicatie.

4. Waarom snel scalpen beter is dan enkele goed overwogen trades

We komen nu tot de kern van dit vierde deel van "Scalpen is leuk!". Hier wil ik de belangrijkste reden bespreken waarom traders die "alles juist doen" toch falen. Plan de trade en verhandel het plan. Het klinkt cliché. De trader moet zijn transacties voorzichtig voorbereiden na een grondige analyse van de grafieken. Het is net als een voetbalploeg de volgende raad geven: "In de eerste 90 minuten van de match moet je het gedrag van de andere ploeg bestuderen alvorens op het doel te schieten." Het klinkt overtuigend, dit proces is in vele beroepen vaak de beste manier, deze grondregel is ook van toepassing op trading, net als in de opbouw van een huis of het aanschaffen van een nieuwe auto moet ze worden uitgevoerd volgens rationele criteria en een zorgvuldig voorbereid plan.

De verkeerde conclusie bij handel gebeurt omwille van de algemene opinie dat een handelsstrategie moet worden ontworpen alsof je een machine opbouwt. Het enige probleem is dat aandelenkoersen niet hetzelfde gedrag vertonen als de individuele onderdelen van een machine. In de wetten van de mechanica buig of zaag je de metalen onderdelen in de vorm die je nodig hebt voor je werkstuk. Eens je de handelsvelden betreedt, is het niet ongewoon dat je je in een oncontroleerbare wereld bevindt, die je niet langer in de hand hebt. Beeld je in dat je in een stad woont, waar de straten, pleinen, huizen en bomen elke dag op een ander plaats staan, geen aanknopingspunten meer na een tijdje te wennen aan de omgeving.

Elke morgen ontwaak je en is de straat waarin je woont veranderd tijdens de nacht, het kruispunt bevindt zich niet meer waar je anders altijd rechts afslaat. Alle andere straten, gebouwen, tankstations, shoppingcentra bevinden zich elke ochtend op een andere plaats. Een surrealistische verbeelding? Maar dit gebeurt als je de beurs betreedt. Het is een krankzinnige wereld waar geen regels en rationele wetten bestaan. Je ervaring en kennis van gisteren kunnen je vandaag misschien niet helpen, zoiets als technische analyse heeft slechts beperkt nut.

Echte kenners van technische analyse stellen ook dat gekende patronen zoals voortzettingspatronen of omkeerpatronen tegenwoordig meestal niet werken. Waarom? Deze patronen zijn vandaag algemeen gekend. Je hebt er geen baat bij als je denkt dat je een bepaald patroon herkent op de grafiek. Vaak gebeurt net het tegenovergestelde van wat je verwacht. Hetzelfde geldt voor de andere beschikbare middelen voor technische analyse, zoals indicatoren of oscillatoren of wat ingenieurs nog allemaal mogen hebben uitgevonden. De look en feel van deze hulpmiddelen is gebaseerd op gegevens uit het verleden, zonder uitzondering. Ze zeggen niets over de huidige gebeurtenissen op de markt en niets over de toekomst.

Alle analyses en "bevestigingen" door de indicatoren zijn er enkel om te voldoen aan de nood naar zekerheid voor de menselijke psyche. Jammer genoeg helpen ze niet. De onzekerheid blijft omdat onzekerheid de essentie is van de beurs. Deze hele uitrusting bestaat alleen maar om entries te bepalen. Daar draait het altijd om: Entries. Dit is ook de meest voorkomende vraag die ik hoor: "Beste Heikin Ashi Trader, vertel me waar ik moet instappen." De waarheid is dat ik het niet weet. Ik kan ook de toekomst niet voorspellen, want dat is de vraag die me uiteindelijk wordt gesteld. De hele handelsindustrie heeft geprobeerd het antwoord op deze vraag te vinden. Ze doet het op een bijna ingenieuze manier en verdient er veel geld mee.

Als je weet dat niemand en geen enkel systeem of geen enkele analyse kan helpen om te beslissen of je moet kopen of verkopen, welke criteria moet je dan gebruiken? Mijn antwoord is te proberen een experimentele relatie op te bouwen met de financiële markt. En wees voorbereid om je beslissing elk moment bij te sturen (de positie sluiten, of zelfs het tegenovergestelde doen van wat je zonet dacht (omgekeerde positie)).

Voor velen veroorzaakt deze "flexibiliteit" angst en in extreme gevallen durft men zelfs helemaal niet meer handelen op de beurs. Probeer te handelen alsof je uit een vliegtuig stapt en in een vreemde stad ronddwaalt. Een toerist is vaak nieuwsgierig en wil graag weten welke pracht en verrassingen de stad te bieden heeft. Ik weet niet of de volgende trade winst of verlies zal brengen. Ik kan alleen maar proberen. Dat is het verschil tussen de kunst van techniek en handel. Als trader blijf je altijd een amateur, hoeveel decennia 'ervaring' je ook mag hebben, helaas.

Ervaring in trading verwijst eigenlijk meer naar het omgaan met het stop management. Een goede trader heeft een enigszins innerlijk beschermend mechanisme opgebouwd dat hem beschermt tegen extreme verliezen. Door constante herhaling en oefening van het stop management worden complexe patronen in zijn hersenen gegraveerd. Deze omvatten een reeks nauw met elkaar verbonden neuronen die een specifieke gebruiksvorm mogelijk maken. Deze gebruiken maken het verschil tussen een ervaren en een onervaren trader. Het gaat niet over de kennis rond entries, en niet over enige geheime kennis die de koersen zou kunnen voorspellen.

Deze nieuwe gebruiken moeten geoefend worden. Uit ervaring weten we dat het tijd vraagt en veel herhaling om deze patronen te vormen. Het is geweten dat de NASA spaceshuttle in de eerste minuten meer brandstof verbruikt dan tijdens de rest van de vlucht. Waarom is dat zo? In het begin heeft de spaceshuttle het meest energie nodig om los te breken van de zwaartekracht. Eens in de ruimte, vrij van de aantrekkingskracht van de aarde, kan de shuttle vaart houden en vliegen alsof ze geen weerstand kent.

Dit is de moeilijkheid van een beginner op de beurs. Eerst heeft hij een hele hoop energie nodig om goede gewoonten aan te kweken. Hij moet veel tijd en energie investeren om zich los te maken van de natuurlijke hebzucht van de mens, zodat hij zich vrij en vol vertrouwen in de kosmos van de beurs kan begeven. Daarom vind ik snelheid veel belangrijker dan perfectie. Beginners moeten dus starten zonder te twijfelen en regelmatige trades uitvoeren. Daardoor leren ze snel nadenken en reageren op de beurs. Eens je vertrokken bent als scalper, kan niets je nog tegenhouden.

Daarom moeten scalpers zich focussen op momenten dat de volatiliteit hoog is. Dit is vlak na het vrijgeven van belangrijk economisch nieuws en tijdens de piekuren van de handel. De kans dat een scalper "flow" creëert, is op deze momenten veel hoger dan tijdens de daluren. Flow is een opeenvolging van acties die je met discipline en plezier uitvoert. Wanneer je met gemak handelt, volgt succes vanzelf. Daarom is het belangrijk dat scalpers alleen maar handelen op momenten dat de bewegingen duidelijk zijn en niet dubbelzinnig. Het plezier komt vanzelf en brengt succes met zich mee.

Mijn formule voor succes is: Flow - plezier - succes!

De bedenker van de term "flow" de Amerikaanse psycholoog Mihály Csíkszentmihályi, definieert het als het voorkomen van flow gevoelens die duidelijke doelen veroorzaken, een volledige focus op het doen, het gevoel van controle over de activiteit, de conformiteit van nood en behendigheid boven angst en verveling bij schijnbaar gemak. Hij benadrukt dat het belangrijk is dat het werk op een speelse manier gebeurt. De mens in de flow maakt zijn werk creatief en artistiek. Het is ook van cruciaal belang dat hij de verwachting van succes loslaat. Hij moet vrij zijn van angst en zorgen. Dit gebeurt als een scalper zijn markt scalpt op een gerichte manier. Hij heeft geen verwachtingen, hij is vrij van angst en handelt onafhankelijk van winst en verlies. Hij is snel, geconcentreerd en heeft geen vooropgezette ideeën van de richting die de markt zal uitgaan de komende seconden of minuten.

Flow is daarom eerder een status dan een techniek. Om flow te ervaren, moeten alle afleidingen uitgeschakeld worden. Deze afleidingen omvatten uitgebreide analyses en het nadenken over de markt. Het komt er dus op neer dat voor een trader in flow zijn trade het enige is wat bestaat. Een trader in flow voelt dat hij alles rondom hem vergeet en dat alles rondom hem "verdwijnt". In flow verdwijnt of vervliegt de tijd. Flow is niet beperkt tot trading. In principe kan het zich ook voordoen bij andere activiteiten. Vele sporters kunnen hierover meepraten. Skiërs, zeilers, voetbal- en tennisspelers hebben het ervaren.

Nauwer aansluitend bij trading zijn de (nu professionele) succesvolle gamers. Deze mensen ervaren flow door de speler snel opeenvolgende taken op te leggen die hem kunnen uitdagen en de waarschijnlijkheid voor het succesvol oplossen ligt hoog. Alle artistieke activiteiten hebben flow nodig om ontworpen te kunnen worden. Muzikanten weten dit, schilders en beeldhouwers ook. De duidelijkste weergave van flow kan je zien in een dansend koppel dat over de dansvloer glijdt, schijnbaar zonder enige moeite, op de maat van de muziek. Voor de scalper betekent dit niet dat hij zijn respect voor de markt verliest. Scalpers behoren tot de categorie van traders die het meest respect hebben voor de markt, omdat ze weten dat op de markt alles kan gebeuren. In flow zijn betekent dat scalpers bekwaam zijn om te reageren.

5. Discipline is eenvoudiger in flow

Handel staat lijnrecht tegenover de basis van de menselijke natuur. Het is volledig in tegenspraak met wat we in ons leven geleerd hebben. Het begint met "ik wil goed zijn en het goed doen", wat overloopt in "hoop" en dan in "mijn positie is naar de rode zone gegaan, de markt kan misschien nog keren...". Hoe meer een trader inzit met een verliezende positie, hoe sneller de negatieve gedachte de bovenhand neemt. De gevolgen zijn rampzalig voor de rekening. Van zodra je "hoofd" het overneemt in trading vormt zich een opstandige gedachte - je zal in geen enkel geval de verliezende posities sluiten. Je kan er altijd argumenten voor vinden. Hier zijn klassieke voorbeelden:

"De markt kan terugkeren."

"De koers moet nog tot support 2 en dan begint hij weer te stijgen."

"Het is onmogelijk dat de markt zo ver kan stijgen, er is al twee keer te veel gekocht volgens de normale ATR."

"Dergelijke overdreven prijzen worden altijd gecorrigeerd."

"De markt heeft gewoon overdreven. Het is een kwestie van tijd voordat de markt terugkeert."

"De markt keert altijd terug en draait op dit niveau. Het kan niet lang meer duren, want de RSI bevindt zich al in de zone van te veel gekocht."

"Volgens mijn berekeningen heeft de markt de Fibonacci-extensie uitgeput."

De argumenten van de trader sluiten niet uit waarom iets verschilt van wat het is. Deze staat van ontkenning is typisch voor traders die "alleen weloverwogen trades uitvoeren" of "alleen handelen op basis van kristalheldere opstellingen". Dit bestaat niet, ze komen voort uit overactieve verbeelding en deze traders zullen het niet toegeven. Dat "de markt" een chaotische en onvoorspelbare entiteit is die op elk moment 180° kan draaien, wordt graag vergeten. Deze trader probeert het monster te temmen en zijn geheimen te ontfrutselen.

Hij ziet over het hoofd dat hij hier geen grip op heeft met een ongeschikt instrument: rationeel denken; ontwikkeld vanuit het logische, argumentatieve deel van onze hersenen. Voor een trade met een dergelijk chaotische structuur als de forex-markt of een aandelenindex moet dit logische deel van het menselijke brein worden afgesloten. De rationele geest is steeds op zoek naar "principes", "terugkerende patronen" die "verhandelbaar" zijn en "een hoge statistische waarschijnlijkheid tot succes hebben". Deze technische analyse is in de voorbije 20 jaar sterk verspreid onder de particuliere beleggers, waardoor de menselijke behoefte wordt bevredigd. Eerder was het de instinctief fundamentele analyse die de beslissing om te kopen of verkopen stimuleerde. Nu verwijst de trader naar de grafische techniek als een instrument waarmee hij de markten kan "lezen" en "interpreteren".

Ik bagatelliseer de verdiensten van technische analyse niet. Ik heb ook jaren gehandeld op basis van techniek, maar het bracht me geen geld op. De trader die het risico aangaat om blij en zorgeloos over de golven te surfen zonder een tweede blik op de grafieken, heeft tenminste een kans om af en toe te reageren op de ontwikkelingen van de markt. Dit is wat trading uiteindelijk is: Mijn antwoord op wat de markt elk moment te zeggen heeft. Op goede dagen kan een dergelijke trader in de "flow" geraken waar hij onder de indruk zou raken, tenminste tijdelijk, om "met de markt mee te gaan".

Deze methode, die ik jaren heb geoefend, is niet onfeilbaar. Nogmaals, je zal te maken krijgen met dagen van verlies of marktfasen waar het niet goed loopt. Deze scalpingmethode kan veel plezier en heel wat winst opleveren. Ze biedt ook meer oefening en uitbreiding van ervaring aan de traders. Zoals eerder gezegd, als je er geen plezier aan beleeft, kan je beter stoppen met scalpen. Je zou je moeten begeven naar deze hogere marktfasen (meestal na de publicatie van belangrijke marktgegevens) en dan proberen te scalpen en gotspe. Het was vooral in de snelle bewegingen, die duidelijke verkoop- en koopbronnen voortbrachten, dat ik de meeste winst heb gemaakt. Mijn persoonlijk record is

28 winnende posities op rij. Als dan de eerste verliezende posities opduiken, betekent dit dat ik moe ben, ofwel de markt. Deze tekenen kunnen een tijdelijke vermindering van van vaart zijn. Misschien is de dynamiek gedaald en zijn de huidige marktbewegingen niet zo eenvoudig te verhandelen. Dit is meestal het beste moment om een pauze in te lassen of zelfs de dag af te sluiten.

Maar het is een feit dat de voorgenoemde disciplineproblemen zich minder vaak voordoen bij snel en dynamisch scalpen dan bij de "weloverwogen" trades. Een trader in volle flow weet precies wat hij moet doen wanneer de markt zich plots tegen hem keert. Hij sluit zijn positie, ongeacht of hij hiermee winst of verlies boekt. Hij is vastberaden en handelt zonder enige aarzeling. Snel scalpen bevordert het snel sluiten van verliezende posities en het snel ophalen van opgebouwde winsten, ook niet onbelangrijk. Mijn ervaring is dat twee fundamentele problemen van trading - angst en hebzucht - hier beter onder controle gehouden kunnen worden. Met deze methode verliest de trader geen tijd met nadenken. Daarom raad ik aan om te handelen met orders die je bedient met 1 muisklik via deze methode. Als de trader een map moet openen en een cijfer moet invoeren terwijl de markt elke seconde tegen de richting van zijn positie in loopt, zal hij belangrijke punten of pips verliezen. Als de trader gebruik maakt van orders die je met één muisklik bedient, dan is hij slechts gedurende die ene muisklik even uit de markt en dat moet ook zo zijn als hij aan de verkeerde kant van de trade zit.

6. Controle- en waarschuwingsinstrumenten

Nu weet je hoe je moet scalpen en wanneer, nu rest ons enkel nog om het ook te doen. Gemakkelijk gezegd, want wat gemakkelijk te doen is, is ook gemakkelijk te laten. Het volledige potentieel van handelen en scalpen ligt niet in de complexiteit van de taak, de magie zit hem in de dagelijkse herhaling van deze taak. Zo heb ik proberen aantonen in het derde boek uit deze reeks, Hoe beoordeel ik mijn trading resultaten? De manifestatie van het volledige potentieel van scalpen is progressief als je je baseert op handelsresultaten uit het verleden. Dankzij de dagelijkse routine wordt de trader een meester in zijn vak. Dit betekent ook dat hij bepaalde waarschuwingstekens moet onderscheiden, die geven hem aan wanneer hij moet stoppen.

Scalpen op forex kan de klok rond, maar ik hoop dat je uit dit boek geleerd hebt op welke momenten je het meest succes hebt. Als een trader handelt op saaie en trage markten in plaats van op snelle, dynamische markten, zal hij net als zijn trade vertragen. In het begin heb ik hier niets tegen in te brengen. Traders moeten weten dat een andere hersenactiviteit start van zodra ze wachten op hun resultaten. Ze zijn afgeleid en dus niet voldoende gefocust om hun trades op te volgen zoals ze zouden moeten. Een vertraging is dus een duidelijk teken dat je zou moeten stoppen met scalpen.

Het andere uiterste bestaat ook. Het komt zelden voor, godzijdank, maar in de voorbije 15 jaar zijn er momenten geweest dat de volatiliteit onmogelijke dimensies aannam, zodat het niet langer verstandig was om er nog maar aan te denken om te handelen of scalpen. Tijdens de Euro-crisis in 2011 zag ik de EUR/USD soms 50 pips crashen in 1 seconde! Traders hadden het moeilijk om hun risicomanagementpraktijken consistent te houden op dergelijke markten. Hij zou best stoppen met scalpen wanneer zich dergelijke onmogelijke bewegingen voordoen, en als hij dan toch niet kan stoppen, dan kan hij zich best beperken tot een fractie van zijn normale positiegrootte.

Het beste en belangrijkste controlemiddel voor een trading business is de rekening. Niets geeft je betere feedback dan de stand van je bankrekening. Het is pijnlijk waar. Je rekening vertelt ons of je werk al of geen succes was. Daarom zeg ik: Een trader verhandelt niet de markt, maar zijn rekening. Je vindt deze strategie misschien absurd als je denkt dat trading te maken heeft met grafieken en strategieën. Er is geen belangrijker controlehulpmiddel in deze business dan het verloop van het aandelenvermogen van de trader. Het geeft de voortgang weer van de balans van de rekening van uur tot uur, van dag tot dag. Het bestuderen van dit verloop, het verleden, de grootte van de verminderingen en hoe lang de trader nodig heeft om deze verminderingen weer te boven te komen; er bestaat geen betere feedback.

Dit geldt ook voor de weergave van een intraday. Als een trader na 20 trades met nette winst ontdekt dat er steeds meer verlies opduikt, dan moet hij een pauze inlassen, of misschien zelfs helemaal stoppen. Hij kan best een frisse neus halen, zijn hoofd leegmaken en zichzelf afvragen of de huidige markt het waard is om er tijd in te steken. Als hij dan merkt dat de koersbewegingen weer voldoen aan zijn criteria om te scalpen, dan kan hij verdergaan. Als de markt traag is geworden, zijwaarts is gegaan of besluiteloze momenten vertoont, dan wordt het moeilijk om te handelen en kan de trader beter stoppen. Het beste van de dag kan voorbij zijn, maar onthoud dat morgen een nieuwe dag is.

Het is hier gemakkelijk neer te schrijven, maar in de praktijk is het heel wat moeilijker. Sommige traders zijn geobsedeerd door de markten en kunnen niet stoppen, ondanks de duidelijke waarschuwingen. Ze gaan verder met handelen en negeren alle waarschuwingen. Het resultaat? Jij weet het net zo goed als ik. Het gebeurt vaak dat deze traders alle winst die ze die dag hebben opgebouwd weer verliezen, en soms zelfs meer. Ik kan het niet sterk genoeg benadrukken: succesvolle traders weten wanneer ze niet mogen handelen. Misschien is dit dan toch de belangrijkste regel.

De meeste beginners weten dit niet. Ze zijn nog aan het leren om onderscheid te maken tussen markten die goed of slecht zijn voor hun strategie. Leren is absoluut noodzakelijk als ze willen slagen. Als hij niet kan stoppen, dan moet hij op zijn minst zijn positiegrootte verminderen. Als het niet goed gaat, dan beperkt hij tenminste de schade die hij toebrengt aan zijn rekening.

Mijn langste reeks van opeenvolgende verliesposten bij het scalpen bestond uit 15 trades. Dat lees je goed: 15 verliesposten op rij. Je denkt misschien dat dit statistisch gezien onmogelijk is. Maar het is mogelijk, ik heb het gepresteerd.

Het is net zo goed mogelijk als de eerdergenoemde reeks van 28 winnende trades op rij met mijn scalping methode. Ik geef toe dat de markt het die dag goed deed. De golven op de 1-minuutgrafiek van Heikin Ashi waren duidelijk en je kon goed zien dat elke trade een hit was. Na de 29ste trade (die verlies opleverde) ben ik gestopt. Ik heb zelfs de computer uitgezet omdat ik instinctief aanvoelde dat ik het ging verknoeien.

Ik heb niet altijd geluk gehad aangezien ik niet altijd zo verstandig ben geweest. Ik heb mij regel te vaak overtreden; stoppen van zodra ik verlies. We zijn mensen. We maken fouten en we zullen er nog maken. Een trader moet niet te streng zijn voor zichzelf als hij zijn eigen regels overtreedt. Hij zal het steeds opnieuw doen. In de handel bestaan er geen vaste regels. De waarschuwingen zijn van levensbelang als de trader er zijn brood mee wil verdienen. Als hij leert de waarschuwingen, die hij krijgt van de markt en zijn rekening, te respecteren, dan wordt hij in de loop van de tijd gegarandeerd een betere trader en dat zal ook te zien zijn aan de balans van zijn rekening.

7. Wees agressief als je wint en defensief als je verliest

We hebben belangrijke succesfactoren samengesteld, weten wanneer we wel en niet moeten handelen. We hebben ondervonden dat discipline gemakkelijker te bereiken is bij snelle markten dan bij saaie, zijwaartse markten. Tot slot hebben we ook belangrijke controle- en waarschuwingsinstrumenten besproken, zoals verminderingen en plots verlies. Waar we onze aandacht nog op moeten vestigen is de belangrijkste succesfactor van allemaal: het actieve beheer van de positiegrootte.

Traders bezitten drie vrijheden: ze beslissen wat ze kopen (dit is de fundamentele analyse), ze beslissen wanneer ze kopen (dit is de technische analyse) en ze beslissen hoeveel ze kopen (dit is het actief geldbeheer). Ik ben ervan overtuigd dat bij het scalpen de "hoeveelheid" niet afhankelijk moet zijn van eender welk willekeurig gekozen algoritme om de positiegrootte te bepalen. Vaste regels zoals "zet nooit meer dan 1% van je kapitaal op het spel per transactie" zijn nuttig in het beginstadium. Het is de eerste risicomanagementcontrole. Deze regel kan een belemmering zijn op lange termijn als je een dynamisch positiemanagement wil uitvoeren.

Dit heeft veel te maken met wat er gezegd was. Eens een scalper de timing onder de knie heeft, weet hij wanneer hij moet stoppen met scalpen, en daardoor is hij in staat om zijn positiegrootte aan te passen aan het marktgebeuren. Een scalper handelt met grotere posities als het goed gaat en verkleint de positie als het niet goed gaat. Neem nu deze situatie. Een trader registreert een winnende reeks. In plaats van de gebruikelijke twee lots, scalpt hij 5 lots op de forex markt. En plots produceert hij twee verliesposten. Moet hij verder scalpen met 5 lots? Ik vind het altijd leuk als bij complexe, besluitvormende processen, regels worden opgesteld, die eenvoudig en duidelijk zijn. Als een trader aan het scalpen is, heeft hij geen tijd om diep na te denken over zijn geldbeheer. Hou het eenvoudig! Als hij twee verliezende trades op rij heeft, kan hij best zijn positiegrootte op zijn minst halveren. Als hij dus bijvoorbeeld met 5 lots aan het scalpen was, zou hij nu beter verder scalpen met 2 lots tot hij weer succes boekt.

Twee verliezende trades op rij kunnen ook als een waarschuwing beschouwd worden. Een scalper weet dat twee verliezende trades niet ongewoon zijn. Maar toch blijft het een teken dat zijn huidig systeem er niet in slaagt de marktsituatie bij te houden. Hij moet dus defensiever optreden wanneer dit zich voordoet. Bij 7 winnende trades op rij kan hij ervan op aan gaan dat zijn methode past bij de huidige markt. Hier kan hij agressiever te werkt gaan en met grotere posities scalpen. Een goede scalper weet wanneer het tijd is om gas bij te geven betreffende positiegrootte en wanneer hij op de rem moet gaan. Er zijn dagen dat je $ 10.000 of meer kan verdienen op de beurs. Maar er zijn ook dagen dat je jezelf tevreden moet stellen met een winst van 250 euro.

Dit boek is bedoeld om je te helpen de belangrijke handelsdagen te onderscheiden. Dit is een van de geheimen tot succesvol handelen. Goede traders weten wanneer de spijzen op tafel komen. En ze weten ook wanneer het niet de moeite waard is om aan tafel te gaan. De ervaren scalper heeft uit ervaring geleerd om enkel op feestelijke dagen actief te zijn en om zijn handen ervan af te houden op ongunstige dagen. Dit is moeilijk en vergt veel discipline, maar het is het waard. De beginnende trader beseft al snel dat de handelsresultaten asymmetrisch voorkomen. Winst is niet gelijk verdeeld over de 20 handelsdagen per maand zoals bij een gewone job.

Ik heb trading altijd beschouwd als een soort van kantoorbaan die wordt uitgevoerd met discipline op dagelijkse basis. Maar zo werkt het niet. Als de trader op deze manier handelt en scalpt, zijn de resultaten in het beste geval middelmatig (zoals bijna elke kantoorbaan...). De hele kunst van het handelen is weten hoe je je kennis moet toepassen op feestelijke beursmomenten. Als de trader erin slaagt enkel zijn geld op het spel te zetten wanneer het de moeite waard is en uitlogt zonder rond te lummelen, is de kans groot dat hij tot de 5% van winnaars op de beurs zal behoren.

De positiegrootte is soms afhankelijk van de huidige mentale toestand van de handelaar. Als hij bijvoorbeeld wat slecht gezind is, wat geïrriteerd geraakt, dan is het niet verstandig om zijn slecht humeur te gaan compenseren met een agressieve aanpak op de beurs. Ik weet dat de verleiding bestaat, maar het is geen teken van vakkundigheid. Als de handelaar zijn huidige humeur probeert te compenseren door agressief gedrag, gaat dat zeker niet helpen. Een goede scalper is dus een goede seismograaf voor zichzelf. Hij weet precies wanneer hij actief kan zijn en wanneer hij met grotere posities kan werken op de markt. En hij weet ook intuïtief wanneer dat niet het geval is. Als hij het verkeerd inschat, dan zal de stand van zijn rekening hem weer met beide voeten op de grond zetten. Elke handelaar heeft ook zijn natuurlijke limieten. Sommige handelaars ervaren een gevoel van gevaar en overwerk als ze meer dan 1 standaard lot verhandelen. Hoe ze deze limiet kunnen overstijgen, hangt af van hun vermogen om uit hun comfortzone te treden.

Ik heb een uitstekende trader gekend, die nooit meer dan 2 contracten kon verhandelen in de E-mini en de mini-Dow futures, hoewel hij tientallen jaren ervaring had en bijna dagelijks winst boekte. Ik zei hem dat hij veel meer contracten kon verhandelen en dus meer geld kon verdienen, maar hij wou het echt niet. Zijn limiet stond op twee contracten. Deze handelaar kende zijn comfortzone heel goed en hij respecteerde dit. Helaas bestaat het tegenovergestelde ook. Er zijn traders die hun leverage overstijgen op de markt. Ik heb zelfs handelaars ontmoet die per transactie meer dan 10% van hun handelskapitaal op het spel zetten. Het was duidelijk maar een kwestie van tijd totdat ze hun 10 opeenvolgende verliezende trades zouden realiseren. En dan is het gedaan!

Handelen en scalpen kunnen lucratief zijn voor gedisciplineerde personen die hun natuurlijke angstgrenzen overwinnen naarmate ze meer ervaring krijgen. Ik hoop dat ik met dit boek impuls kan geven aan dit succes.

Beste lezer, ik wens je veel geluk met je handelsactiviteiten!

Heikin Ashi Trader.

De auteur is bereikbaar via: pdevaere@yahoo.de

Andere boeken van Heikin Ashi Trader

Hoe scalp ik de Mini-DAX-Future?

Dankzij de introductie van de Mini-DAX-Future (symbool FDXM) hebben particuliere beleggers met kleinere accounts nu ook de mogelijkheid om de Duitse DAX-index tegen professionele condities te scalpen. In tegenstelling tot de meeste andere alternatieven zijn futures de meest transparante en effectieve instrumenten om op de financiële markten geld te verdienen.

Scalpers hebben oneindig veel meer opportuniteiten om te traden dan positie-traders of daghandelaren. Hier ligt de werkelijke kracht van deze trading-stijl. Een scalper kan zijn kapitaal veel effectiever beheren dan alle andere marktdeelnemers en haalt aldus een veel hoger rendement.

De Heiken Ashi Trader toont in dit boek hoe u deze nieuwe future op de DAX succesvol kunt scalpen. U leert hoe u de markt binnenstapt, hoe u uw posities moeten beheren en op welk punt u er weer uit moet. Daarnaast bevat het boek een schat aan tips en tools om de eigen handel nog efficiënter en nauwkeuriger te maken.

Inhoud

Hoe begin ik met 500 euro een trading-business?

Veel traders hebben in het begin maar weinig geld beschikbaar voor het traden. Maar dit hoeft geen obstakel te zijn om toch een trader-carrière in overweging te nemen. Het gaat er in dit boek niet om hoe je van 500 euro 500.000 euro kunt maken. Het zijn juist de overdreven rendementsverwachtingen die de meeste beginners ontsporen.

In plaats daarvan laat de auteur op een realistische manier zien hoe je met een klein startkapitaal een fulltime trader kunt worden. En dit geldt zowel voor traders die particulier willen blijven als degenen die uiteindelijk met geld van cliënten willen handelen.

Dit boek toont stap voor stap hoe je dat moet doen. Bovendien is er voor elke stap een concreet actieplan. Iedereen kan in principe trader worden, als hij bereid is om te leren hoe deze business echt werkt.

Inhoudsopgave

Over de auteur

Heikin Ashi Trader wordt wereldwijd gezien als de specialist in scalping met de Heikin Ashi grafiek. Hij handelt al 19 jaar op deze manier. Hij werkte voor een hedgefonds en ging daarna op eigen houtje Zijn scalpingboek "Scalpen is leuk!" is een internationale bestseller en werd meer dan 30.000 keer verkocht. Meer informatie over zijn scalpingmethode vindt u op zijn website: www.heikinashitrader.net.

Colofon

Tekst: © Copyright by Heikin Ashi Trader

12 Carrer Italia, 5B

03003 Alicante, Spain

Eerste oplage 2017